Netzwerk „Hoffnung“

Notizen zu einer Methode der Entradikalisierung

Netzwerk „Hoffnung“

Notizen zu einer Methode der Entradikalisierung

Fromm Verlag

Imprint

Cover image: www.ingimage.com

Publisher:
Fromm Verlag
is a trademark of
Dodo Books Indian Ocean Ltd. and OmniScriptum S.R.L publishing group

120 High Road, East Finchley, London, N2 9ED, United Kingdom
Str. Armeneasca 28/1, office 1, Chisinau MD-2012, Republic of Moldova, Europe
Printed at: see last page
ISBN: 978-613-8-37970-6

Inhaltsverzeichnis

Vorwort

Samstag, 25. November 2017: Ägypten betrauert 305 Menschen, darunter 27 Kinder, die bei ihrem wöchentlichen Gebet in der Moschee Al-Rawda in Bir al-Abed im Norden des Landes getötet wurden. Und das ist nur ein Beispiel von so vielen anderen: Die ersten Opfer des islamischen Terrors sind die Muslime selbst. Und sie sind als erste an dem interessiert, was die westlichen Regierungen „Entradikalisierung" nennen.

Manche meinen, die schwarze Fahne des IS sei ein Spielball ausländischer Interessen. Aber diese Fahne wird von Muslimen getragen, die nicht nur der festen Überzeugung sind, sie seien berechtigt, ein Attentat zu machen, sondern sie glauben sogar, sie müßten es tun, weil ihre Aufgabe darin besteht, die Welt zu richten und auf der Erde das Reich Gottes aufzurichten, wenn sie endlich einmal vom Antichrist gereinigt sein wird.

Die Gruppe *Foi, Terrain,Médiation*[1] achtet zutiefst die berechtigte Sehnsucht, die Welt möge nach dem Gesetz ihres Schöpfers leben. Die „Notizen zu einer Entradikalisierungsmethode" richtet sich an den Verstand der Muslime, insofern es der Verstand von Menschen ist, die sich danach sehnen, ihrem Schöpfer zu gefallen. Deshalb haben wir uns dafür entschieden, in diesem Entwurf damit zu beginnen, daß wir das tägliche Gebet der Muslime lesen und davon ausgehend Fragen aufsteigen laßen, die aus dem Herzen kommen und auch aus dem Verstand.

Hier sind einige dieser Fragen:

Wer kann ständig behaupten, der „Gerichtstag Gottes" komme durch einen militärischen Sieg oder durch eine politische Machtergreifung, wenn doch Gott der „Herr des Gerichtstages" ist? Wenn Gott der „Herr" dieses Tages ist, und wenn Gott wirklich Allah ist, der Höchste, wer kann dann von sich behaupten, er richte und töte in seinem Namen?

Dazu gehören auch die Vorstellungen von einem Gericht am Ende der Zeit. Aber woher kommen die muslimischen Vorstellungen von einem Antichristen? Und von einer Wiederkunft Christi?

Auch andere Fragen verdienen es, formuliert zu werden, selbst wenn man sie nicht beantworten kann. Was steckt hinter dem lebhaften Interesse in den arabischen Ländern am Film von Mel Gibson über die Passion Christ? Wäre es möglich, das Böse zu besiegen, ohne dass man „die Bösen“ tötet? Kann denn unschuldiges Blut die Macht von Satan-Iblis besiegen? Gibt es nicht eine Verbindung zwischen diesen Fragen und dem Blut der Opfer, oder sogar dem Blut des Terroristen, der sich selbst bei seinem Attentat opfert?

Viele Muslime, die sich im Grauen des Krieges oder auch nur bei den Unruhen in den Vororten befinden, leiden, ohne dass sie diese tiefen Fragen formulieren können. Es sind Fragen nach dem Sinn von Leben und Tod, Fragen nach der Zukunft eines Lebens in der Gesellschaft: würdige und hochherzige Fragen, menschliche Fragen.

Einleitung

Bestandsaufnahme

Heute erkennt man auf dem Gebiet der Entradikalisierung, dass die Maßnahmen, die von den staatlichen Initiativen vorgeschlagen worden waren, nicht die erhofften Früchte getragen haben. Man hat dafür verschieden Gründe benannt: alle beziehen sich darauf, dass die unternommenen Schritte zu oberflächlich waren, weil sie die radikalen islamistischen Glaubensüberzeugungen lediglich als ein psychologisches oder soziologisches Phänomen behandelt haben und sich nicht mit dem Gegenstand selbst auseinandergesetzt haben.

Auch wenn man sich bewusst ist, dass es das „Schlechte" in der gegenwärtigen Welt gibt, die von Beziehungen beherrscht wird, die sich ums Geld drehen, kann man der Ansicht sein, es könne wahre, ehrliche Antworten geben, die anders lauten als die Antworten radikaler Islamisten - und dass diese letztere wiederum andere Antworten brauchen als Hamster und Poesie (man hat in Frankreich den Versuch unternommen, Islamisten im Gefängnis genau das anzubieten!). Gewisse Grundsatzfragen wird man sicher angehen müssen, und sei es auch nur, weil man verstehen will, welcher tatsächlich vorhandene Mechanismus eine Glaubensüberzeugung hervorbringt, die von der Art des Islamismus und seiner radikalen Intoleranz ist.

Man hat „Islamismus" unterschiedlich definiert. Wir unsererseits werden uns nicht mit denen aufhalten, die dazu tendieren, dieses Phänomen auf diesen oder jenen psycho- oder sozio-logischen Aspekt zu reduzieren, zum Beispiel auf den Aspekt der Gewalt: abgesehen von einigen Verrückten verherrlicht kein Islamist jemals die Gewalt als solche. Der Islamismus ist zuerst einmal eine gewisse Vorstellung von der Welt, einer Welt, aus der man das Schlechte ausmerzen kann – und daher muss. Diese einfache Idee hat eine ebenso einfache Konsequenz, entsprechend dem Sprichwort:

man kann kein Omelett machen ohne dass man dafür Eier zu zerbricht. Wenn die Durchsetzung der Scharia notwendig zu einer besseren Welt führen muss, dann muss man diejenigen diskriminieren und unterwerfen (oder sogar eliminieren), die sich diesem Ziel widersetzen. Eine solche Idee, die eine Form der Hoffnung ist, nennt man „Messianismus“ – und der Islamismus ist nicht die einzige Form von Messianismus, auch wenn man feststellen kann, dass sich in fast allen zivilen Gesellschaften der heutigen Welt islamistische Gruppen entwickeln. Frankreich ist keineswegs eine Ausnahme.

Das Grundproblem besteht daher nicht nur in den von den Islamisten verwendeten Mitteln (Propaganda, Druck, Terror...), sondern auch, und sogar vor allem, in den angestrebten Zielen, die immer politische sind. Diese Ziele weisen aber in Richtung einer Welt, die sie für besser halten – und dann beginnt man zu ahnen, warum viele bereit sind, ihr Leben zu opfern (und das vieler anderer).

Diese Bestandsaufnahme führt zu einer letzten Frage: Besteht das von den Verantwortlichen angestrebte Ziel für das Zusammenleben mit Muslimen in einem laizistischen Staat wirklich in einer Entradikalisierung oder vielmehr darin, so zu tun, als ob? Wir werden von der ersten Hypothese ausgehen, auch wenn wir wissen, dass Islamisten, von den Muslimbrüdern (1923) bis heute, nicht selten in geo-politischen Strategiespielen verwendet wurden. Unser Ziel wird darin bestehen, einen Beitrag zur „Entradikalisierung“ anzubieten, der sich auf die Vernunft stützt, indem wir Mittel an die Hand geben, mit denen man sich sogar und vor allem an die Fanatischsten wenden kann, wenn diese wenigstens ein bisschen denken können. Wir müssen uns in ihre Gedankenwelt hineinversetzen. Mit Gefühlen verbundene Glaubensvorstellungen nehmen darin einen herausragenden Platz ein.

Skizze einer neuen Methode

In einem Land, in dem die Menschenwürde respektiert wird, appelliert die vorgeschlagene Methode der „Entradikalisierung“ an einen gewissen Prozess der Bewusstwerdung. Die Veranstalter müssen ein gutes Gespür haben für das, was sich gerade entwickelt, wie man miteinander spricht, und sie müssen auch die Ziele dieses Dialogs verstanden haben. Denn sie sind sicher nur dann erreichbar, wenn man diesen Dialog sanft, aber mit Überzeugung führt. Unser Leitfaden: wir werden versuchen, den Versen des Gebets zu folgen, das alle Muslime auswendig kennen – die Fâtiḥah –; und dadurch ergeben sich die sieben Punkte des ersten und wichtigsten Teils.

Dann, in einem kurzen zweiten Teil, werden wir die entsprechenden historischen Hintergründe betrachten, aber weniger aus der Perspektive der Vergangenheit, sondern in Richtung Zukunft.

„Entradikaliseren“ besteht nämlich notwendigerweise darin, zu einer gewissen „Zusammenarbeit“ zu finden, was viel reicher (und realistischer) ist als ein „Zusammenleben.“ Denn was die Menschen vereint, besteht nicht darin, dass man einfach nebeneinander wohnt – das wäre oft eher der Anlass für gewaltsame Auseinandersetzungen – sondern darin, dass man gemeinsame Ziele und Handlungsmöglichkeiten hat. Was vereint, ist das Bewusstsein, dass man gemeinsame Interessen hat: Es geht darum, dass wir uns jenseits von Gruppeninteressen gemeinsam für Wohlergehen der zivilen Gesellschaft, der Familien und für das Wohlergehen unserer Kinder einsetzen.

Realistischerweise schaut man auf das, was vereint, denn das bedeutet auch, dass man sich gemeinsam dem widersetzen muss, was ein solches Wohlergehen bedroht. In diesem Sinn kann und muss die Entradikalisierung so weit gehen, dass sie Perspektiven für ein gutes ziviles Zusammenleben eröffnet.

Kapitel I

Problemstellung: die Sure *al-Fātiḥa* lesen

Wenn man mit einer so bekannten und wichtigen Sure wie der Sure 1 beginnt, so bedeutet dies, dass man eine interessante Vorgehensweise startet und einen Vers nach dem anderen behandelt. Der Text hier stammt von einer guten Übersetzung:

1. Im Namen von Gott-Allah, dem Ganz Barmherzigen, dem Sehr Barmherzigen.
2. Lob sei Gott-Allah, dem Herrn des Universums.
3. Dem Barmherzigkeit Gewährenden, dem Barmherzigen,
4. Dem Herrn des Gerichtstages.
5. Dich beten wir an, Dich flehen wir um Hilfe an.
6. Leite uns auf dem rechten Weg,
7. Dem Weg derjenigen, die du mit Gunsterweisungen überhäuft hast, nicht dem derjenigen, die sich Deinen Zorn zugezogen haben, nicht den der Verirrten.

1. Allah-Gott und die Barmherzigkeit

bi-smi llāhi r-raḥmāni r-raḥīm[i]
„Im Namen von Allah-Gott, Dem Barmherzigkeit Gewährenden, dem Barmherzigen"

Das Wort „Allah"

Das Wort „Allah" gehört nicht nur dem Islam, was der Meinung entgegensteht, die sich allgemein durchgesetzt hat. Auf Arabisch wird Gott schon immer so bezeichnet, und besonders bei den arabischen Christen. „Allah“ oder die hebräischen und aramäischen Entsprechungen *ʾælōhīm* oder *ălāhā* bedeuten einfach „Gott“, der Gott, der alles erschaffen hat. All diese Wörter stehen tatsächlich im Plural, wie arabische Grammatikgelehrte für die Bedeutung von „Allah“ wissen. Die Wörter *ʾælōhīm-ălāhā-Allah* bedeuten „die Höchsten“ und bezeichnen „Gott, den Einen, den Schöpfer.“

Was könnte höher oder größer sein als Gott? Geld? Innerhalb von wenigen Stunden kann Geld einen großen Teil seines Wertes verlieren...

Vom historischen Gesichtspunkt aus können wir mit Sicherheit behaupten, dass arabische Namen, wie ‚Abdallah', das heißt *Diener Allahs*, lange vor dem Islam von christlichen Arabern getragen wurden. Andererseits wird dort der Name Muḥammad nicht historisch bezeugt, und im übrigen geben islamische Überlieferungen dem offiziellen Gründer des Islam andere Namen: daraus ergibt sich der Gedanke, dass er als Erster diesen Namen Muḥammad trug; dann aber musste dies ein Titel oder ein Beiname sein, den man ihm gegeben hat.

Die zwei Begriffe *raḥmān* und *raḥīm*

Im Vers 1 erscheint ein besonders wichtiges Wort in zwei sehr ähnlichen Formen, *raḥmān* / *raḥīm*, und entspricht ungefähr einem *Barmherzigkeit Gewährender* / *Barmherziger*. Der Gott, der Barmherzigkeit gewährt (*raḥmān*) – das heißt, der angerührt ist und für die Menschen Gutes will – ist in Sich-Selbst barmherzig (*raḥīm*). Das ist logisch: Würde Gott ein einziges Mal etwas tun, was gegen das ist, was er Selbst ist?

Auch hier ist es von größter Wichtigkeit, den Geist für diese religiösen Begriffe zu öffnen. Allein das stellt schon einen enormen Schritt dar. Denn es wird dann wenigstens möglich, miteinander zu sprechen und sich dabei bewusst zu werden, dass die Formulierung: „Gott ist barmherzig“ nicht unbedingt für alle das gleiche bedeutet.

Aus anderen religiösen Perspektiven gesehen bedeutet es nämlich, dass Gott die Bösen wirklich „erträgt“, Er verdammt niemanden: Jene, die „verdammt“ sind, werden nicht von Gott verdammt, sondern von ihrem eigenen, unveränderbaren Willen, das Böse zu tun. Dann kann man sagen, dass Gott nicht nur barmherzig ist im Hinblick auf eine fest umrissene Gruppe, sondern für alle Menschen. Denn das ist die entscheidende Frage: wenn man von Gott sagt, er wolle das Wohl der Menschen aller Zeiten, handelt es sich dann um *alle* Menschen oder nur um *einige* von ihnen?

Und kann Gott *in Sich selbst* für einige das Gute und für andere das Böse wollen? Wie soll man erklären, dass Gott das Böse wollen kann? Gibt es in Ihm einen inneren Widerspruch, vor allem in der Gegenüberstellung zu Satan-Iblis, der wirklich alles nur erdenklich Böse für die Menschen will? Wäre Satan ein Diener Gottes nach dem Willen Gottes, indem er das Böse tut? Aber welchen realen Unterschied gäbe es dann zwischen einem Gott, der das Böse will und Satan, der es tut?

Es ist wichtig, ziemlich schnell zu diesen Fragen zu kommen, aber ohne darauf eine Antwort zu geben: das Wichtige besteht darin, sie zu stellen und jedem die Zeit zu geben, dass er sich ihnen stellen kann. Sie sind von größter Wichtigkeit und vollkommen logisch und rational. Im übrigen wäre es unerträglich, wenn ein engstirniger und ideologischer Laizismus verhindern würde, dass sie gestellt werden: denn das würde bedeuten, dass man auf jegliche „Entradikalisierung" verzichtet. Dennoch geschieht das objektiv, wenn Richter (und früher Medien) die Attentäter systematisch als „psychisch gestört" einstuften: ist das nicht eine Flucht vor den wirklichen Fragen? Zugleich muss man zugeben, dass die Vorstellung von einem Gott, der für einige das Gute will und für andere das Böse, eine Ursache für psychische Störungen ist. Denn dann stellt sich die Frage, ob ich bei denen bin, für die Gott das Gute will, oder ob er das Gegenteil will – wird er mich zum Schmoren in die Hölle schicken? Bin ich, nach dem Bild dieses Gottes, auf der Erde, um einigen Gutes zu tun und anderen Böses? Man wird den Terroristen nicht dadurch helfen, dass man aus dieser Diskussion mit Islamisten aussteigt und sie in die Psychiatrie schickt; auch dann nicht, wenn man dort problemlos schizophrene Tendenzen entdecken kann.

2. Sehnsucht haben nach „dem Gott des Universums"

al-ḥamdu li-llāhi rabbi l‘ālamīn[a]
„Gelobt sei Gott-Allah, der Herr des Universums"

Auch hier muss man nachdenken und sich darüber austauschen, denn dieser Satz ist nicht so einfach. Die Fātiḥa weckt das Mitleid, indem sie die Liebe und die Sehnsucht der Seele auf Gott ausrichtet, das ist der Sinn des Wortes „ḥamd", das auf Arabisch „Lobpreis" bedeutet und „Sehnsucht" auf Hebräisch und im biblischen Aramäisch. Der Verse lädt dazu ein, Gott zu lieben, was bedeutet, dass alle Menschen geschaffen sind, um Gott zu erkennen und zu loben und zu ersehnen und ihre Freude in Ihm zu finden und ihn an die oberste Stelle aller Sehnsüchte ihres Lebens zu stellen, Ihn, den Herrn des Universums. Davon kann man ganz rational ableiten:

1. Man muss die Sehnsüchte in eine gewisse „Rangstufe“ einordnen, von den niedrigsten, die des Menschen nicht würdig sind, bis zu den höchsten, die sich auf Gott ausrichten. Diese Sichtweise gehört zu jedem religiösen Bewusstsein – aber offen gesagt: das wird in der herrschenden Kultur nicht angepriesen, denn ihre „Werte“ sind Sex, Geld und Macht. Der Islamismus positioniert sich im Gegensatz zu dieser Kultur. Aber man kann auch bemerken, dass die Dinge nicht so klar voneinander getrennt sind. Versprach der IS seinen Kämpfern nicht gerade sexuellen Genuss, Geld und Macht? Stützte er sich nicht auf gewisse Traditionen, die genau das für das Leben auf dieser Erde versprachen und als Belohnung für das Jenseits? Stützen sich diese Überlieferungen nicht selbst auf gewisse Textstellen des Korans, die man wörtlich nimmt?

   Mit welchem Recht kann man daher den anderen das vorwerfen, was man selbst anpreist? Und was soll man von einem Diskurs halten, der rechtfertigt, warum man selbst Sex, Geld und Macht genießen darf und die anderen nicht? Die zugrunde liegende Frage ist folgende: „Ist meine Sehnsucht wahrhaftig, oder versteckt sich dahinter eine andere?“

2. Wenn man glaubt, dass jeder Mensch fähig ist, sich auf Gott auszurichten, ist es vollkommen legitim, Gott über alles zu setzen (Sex, Geld, Macht). Deshalb darf man sich nicht von vornherein als Richter über die anderen aufspielen. Folglich wird man als Wert vertreten, dass jeder Mensch a priori geachtet werden muss.

Gott wird nämlich *rabb l-ʿālamīn* genannt, was sowohl mit „Herr der Jahrhunderte“ übersetzt werden kann, als auch mit „Herr des Universums“ (wörtlich: der Welten). Er besitzt die Zeit. Weshalb sollte er es dann Menschen übertragen, an seiner Stelle zu strafen, indem sie töten? Hier könnte man die Vermutung anstellen, dass alles im vorhinein geschrieben wurde, und außerdem, dass man wissen kann, wen Gott strafen wird oder nicht, so dass man es schon vorher und an seiner Stelle tun kann. Aber ist das tatsächlich der Fall? Und übrigens, wenn alles im vorhinein als ein feststehendes Programm geschrieben wurde, hat es dann noch einen Sinn, irgendetwas zu tun?

Und wer kann behaupten, er kenne ein solches göttliches Programm und er wisse, wer für den Himmel oder die Hölle bestimmt ist? In diese Richtung zeigt eine Fatwa, die vor einigen Jahren in Saudi-Arabien ausgerufen, aber dann vergessen wurde: sie sagt, dass man den letzten Lebenstag der Ungläubigen abwarten muss, bevor man sie bestraft: es ist nämlich möglich, dass sie sich zu einem bestimmten Zeitpunkt ihres Lebens Gott zuwenden, auch noch im letzten Moment. Natürlich handelt es sich dabei darum, auf indirekte Art zu sagen, dass man niemals einer Kreatur des Leben nehmen darf, weil es sein könnte, dass sie sich noch auf Gott ausrichtet.

Wenn man es übrigens trotzdem macht, läuft man dann nicht Gefahr, sich gegen Gott zu stellen? Und maßt man sich so nicht im Grunde ein Vorrecht an, richten zu dürfen, das nur Ihm Allein zukommt? Und ist es denn wahr, dass Gott das menschliche Leben so sehr verachtet?

Und wenn man „das Böse in der Welt ausrotten" will, müsste man dann nicht zuerst seine eigenen Sehnsüchte neu ausrichten?

Das sind viele Fragen. Wie bereits zuvor gesagt, besteht das aktuelle Ziel nicht darin, darauf zu antworten, sondern darin, dass es gelingt, diese Fragen zu wecken. Gemeinsam. Und auf möglichst rationale Art und Weise.

Wir machen dabei auf das Risiko aufmerksam, schizophren zu werden, wenn man einerseits davon träumt, seine Wünsche nach Sex, Geld und Macht zu befriedigen und andererseits Allah lobt, das heißt, Ihn höher stellt als diese menschlichen Wünsche (die oft untermenschlich sind). Und was soll man erst zu den Frustrationen sagen! Es wäre außerdem sehr gefährlich, wenn man von vornherein leugnen würde, dass ein Attentäter einen gesunden Geist haben kann. Man kann sehr verwirrt sein und trotzdem sehr bewusst in dem, was man tut...

3. Die nachdrückliche Betonung der Barmherzigkeit Gottes

ar-raḥmāni r-raḥīmi[i]
„Der Barmherzigkeit Gebende, der Barmherzige"

Der Vers 3 nimmt wieder auf, was schon im Vers 1 gesagt wurde: es geht also um einen sehr wichtigen Aspekt der Lehre. Warum?

Die Fātiḥa beharrt auf der Barmherzigkeit.

Die Wurzel des Wortes *rḥm* bezieht sich auf Arabisch, wie in den anderen semitischen Sprachen, auf die inneren Organe der Frau, auf den Uterus.

Man spricht von einem Gott, der ein Gott des Lebens ist: Er gibt das Leben, und Er will es erhalten und wachsen lassen, und das gilt sowohl für eine Gemeinschaft als auch für jeden einzelnen Menschen.

Die hier auftauchende Schwierigkeit darf nicht verdrängt werden. Das Bild, das uns „Das Leben des Propheten“ zeigt (as-Sīra an-nabawīya), das Ibn Hišām zwei Jahrhunderte nach den Anfängen des Islam veröffentlicht hat, und auch das Bild, das uns die Sammlungen von Hadithen vorstellen, entspricht keineswegs der Bedeutung des Wortes *Barmherzigkeit*, mit dem man Gott bezeichnet. Es genügt, wenn man die Liste von Morden und hinterlistigen Taten anschaut, die man Muḥammad zugeschrieben hat (man findet das alles leicht im Internet). Aber ist diese Liste auch wahr? Was ist ein Buch wert, das zwei Jahrhunderte nach den vermuteten Taten geschrieben wird? Waren die damaligen Kalifen nicht daran interessiert, das Porträt eines Vorbildes zu erstellen, das ihren eigenen Interessen diente, besonders um ihre eigenen Zwangssysteme zu rechtfertigen, die so oft mörderisch waren?

Diese lebenswichtige Frage ist zugleich eine logische Frage. Die Eigenschaft von *raḥīm*, die man Gott gibt, bedeutet, dass Er barmherzig *in Sich selbst* (oder *sehr barmherzig*) ist. Die *Basmala*, der Vers 1, drückte das bereits aus. Wenn Gott *in Sich* barmherzig ist, ist es dann möglich, dass er es nur zu gewissen Stunden ist, ohne dass er sich selbst verleugnet? Kann er es einmal für die einen sein und das Gegenteil für die anderen? Müsste der Text der Basmala in diesem Fall nicht heißen: „Im Name Allahs, des Barmherzigkeit Gebenden, des nicht Barmherzigen“ (...*ʾr-raḥmāni wa-la ʾr-raḥīmi*)? Wenn man nicht glaubt, dass Gott *raḥīm* ist, müsste man dann nicht aufhören, die basmallah zu beten?

Diese Fragen muss man stellen, und sie enthalten nichts, was Gott-Allah beleidigen könnte.

Und wenn Gott barmherzig mit der Welt ist, kann man dann hoffen, dass diejenigen, die schreien „Islam ist die Lösung“ das wirklich in ihrem Kopf haben? Aber wo sieht man eine solche „Lösung“? In Medina, zur Zeit des „Propheten“? Die *Sira* und die späteren Quellen zeichnen kein paradiesisches Bild von dieser Epoche, bei weitem nicht. Und selbst wenn man annehmen wollte, es wäre das Paradies gewesen, warum hat es dann aufgehört? Warum gelingt es den Islamisten niemals, dieses Paradies wieder zu errichten?

Vielleicht, weil es weniger der Vergangenheit angehört als der Zukunft – wie die Fatwā, die dazu aufforderte, den letzten Tag des Ungläubigen abzuwarten. Aber zu welcher Bedingung?

Der Vers 4 gibt Antwort auf genau diese Frage.

4. Das kommende Gericht

māliki yawmi d-dīn[i]
„Der Herr des Gerichtstages"

Die Wörter

Für den Menschen, der Gott liebt, stellt der „Tag des Gerichts" eine gewaltige Hoffnung dar: Gott wird endlich das erhalten, was ihm gebührt, und der Wille Gottes wird auf der Erde getan werden – es ist der Wille zu leben, denn Gott ist *raḥīm.* Aber von welchem „Gericht" spricht man wirklich?

Das Wort lässt spontan an das Gericht denken, durch das jeder Mensch in die Ewigkeit gelangt und wo danach die einen das Paradies erhalten (sofort oder nach einiger Zeit) und andere die Hölle. Deshalb wird dieser Vers manchmal mit „Herr des Tages der Belohnung" übersetzt. Aber das Wort *dīn* bedeutet unbedingt „Gericht." Im Arabischen hat es durch eine Erweiterung auch die Bedeutung „Religion" erhalten, in der Bedeutung von „was Gott zukommt."

Daher hat der Ausdruck „Tag des Gerichts" eine eigene, sehr genau umschriebene Bedeutung, die für ein Kollektiv gilt und nicht für ein Individuum. Man findet sie schon in den Evangelien, als auch in späteren religiösen Texten, die gleichzeitig vor dem Islam entstanden sind (Targumim, verschiedene apokryphe Texte, ...). Das Wort „Tag" ist darin genauso wichtig wie das Wort „Gericht." Von welchem Tag spricht man?

In diesen Schriften spricht man vom Gericht über die Menschen – über diejenigen, die „an diesem Tag" auf der Erde sein werden. Durch dieses Gericht wird die Erde auf die eine oder andere Weise gereinigt werden müssen von denjenigen, die sich dem Bösen verschrieben haben. Praktisch gesehen bedeutet das: von denjenigen, die sich dem Anti-Messias (oder *Antichrist*) verschrieben haben, von dem die islamischen Überlieferungen sprechen, auch wenn diese Ereignisse unterschiedlich beschrieben wrden. Aber alle erwähnen eine erneute Herabkunft des Messias Jesus (vom Himmel herab). Man muss betonen, dass die Welt, die daraus hervorgehen wird, folglich nicht das Ergebnis eines Dschihad sein wird, sondern unbedingt das Ergebnis einer Intervention Gottes. Welchen Sinn hat es daher, wenn man meint, man müsste schon jetzt den universellen Gerichtsherren spielen? Wer wäre „rein“ oder „gerecht“ genug, um dazu berechtigt zu sein? Und in Bezug auf wen, und wie?

Dies sind die Fragen, die sich stellen.

Wer richtet wen und wie?

1. Kann jemand, dem ein juristisches Verfahren anhängt, gut über die Angelegenheiten anderer richten? Daran kann man zweifeln. Wenn Gott definitionsgemäß Derjenige ist *der richtet*, dann darf man ihm nichts vorwerfen können – oder, um es anders zu sagen: wenn Gott das Recht zum Richten besitzt, dann deswegen, weil Er wirklich und einzig ein Gott des Lebens ist. Wenn er ein Gott wäre, der auch den Tod derjenigen wollte, die Ihm nicht gefallen, dann könnte jeder gerechte Mensch sich gegen Ihn erheben und Ihn anklagen (aus diesem Grund gibt es heute Muslime, die sagen, sie seien Atheisten). Die Möglichkeit der Hölle kann hier als Einwand rational nicht gelten, jedenfalls nicht gegen einen Gott, der nicht das Böse will und der nicht verantwortlich dafür ist, dass es gewählt wird, wenngleich jeder Mensch dazu aufgerufen ist, sich zu entscheiden.
2. Was die Betroffenen des Gerichts (= *wer wird gerichtet werden*) anbelangt, so muss es sich um Menschen handeln, die an diesem Tag auf der Erde sein werden. Manche Überlieferungen wollen ihnen auch die beigesellen, die schon früher gestorben sind, aber sie sind aus einem anderen Grund betroffen, denn sie sind bei ihrem Tod schon durch das Gericht gegangen (da der Tod ein Übergang ist). Hier gibt es also keine Schwierigkeiten.
3. Aber die Frage: *Wie wird das Gericht geschehen* enthält Schwierigkeiten. Den islamischen Kommentaren entnimmt man, dass Jesus (den man im Koran ‚ʿĪsā’ nennt, weil man zwei Konsonanten vertauscht), der vom Himmel zurückkommt, dabei eine große Rolle spielen wird. Auf der Erde, und sogar an einem genau definierten Ort. Nach den christlichen Schriften ist er vom Ölberg in den Himmel aufgefahren (gegenüber dem Vorplatz der Moscheen in Jerusalem): dies ist der Ort, an dem ihn die islamischen Überlieferungen als erstes herabsteigen ließen, aber später haben sie seine Herabkunft auf ein Minarett der Omeyyaden-Moschee von Damaskus verlegt. Diese heute mehrheitlich geteilte Ansicht macht einige Schwierigkeiten, denn da Issa sich zum Tempelvorplatz in Jerusalem (*al-Quds*)

begeben muss, muss er noch 160 km zu Fuß gehen, und er müsste über eine Grenze gehen, die geschlossen ist – außer für die Dschihadisten, die nach Israel gehen oder von dort kommen, wovon schließlich viele Pressezeugnisse berichten mussten. Außerdem ist die goldene Pforte, durch die er gehen müsste, um auf den Tempelvorplatz zu kommen, mehr als geschlossen: sie ist zugemauert. Und die doppelte Treppe, die dahinter war, ist zugeschüttet. Wie also wird der Messias das machen?

Wäre es nicht viel einfacher für ihn, woandershin zu gehen als nach Jerusalem, um Gericht zu halten? Diese Frage wäre absurd, wenn nicht eine alte Überlieferung, auf die der IS hingewiesen hat, den großen Endkampf zwischen den Kräften des Guten und des Bösen in einem kleinen Dorf im Norden Syriens stattfinden ließe, das Dabiq[2] heißt. Den in Europa indoktrinierten Dschihadisten, die nach Syrien aufgebrochen sind, um sich töten zu lassen, hat man nicht erzählt, dass der Messias-Jesus an diesem Ort die Führung über die Armeen übernehmen würde und den Antichrist und seine Anhänger töten würde; aber es ist einfacher, von Damaskus nach Dabiq zu gehen, als bis nach Jerusalem. Die Manipulatoren des IS haben daran nicht gedacht – niemand ist vollkommen.

Auf jeden Fall verdient es die Figur eines „Übermenschen Jesus", der kommt, um den Antichrist in Jerusalem zu vernichten und dort die Führung der Vernichtungsarmeen zu übernehmen, dass man bei ihr etwas verweilt. Woher kommt eine solche Geschichte von einer materiellen Wiederkunft und einem Gericht?[3] Sie wird nicht einfach erfunden, und wenn sie von irgendwoher kommt, dann nicht *einfach so* aus Überlieferungen oder christlichen Texten (welche diese Dinge anders darstellen).

Wenn man übrigens vermutet, dass das Gericht sich so abspielt, wohin führt es dann? Welche bessere Welt könnte daraus hervorgehen? Zu welchen Bedingungen könnte die Welt dann besser werden?

5. Gott anbeten oder anflehen?

'iyyāka naʿ budu wa-'iyyāka nastaʿīnᵘ
„Dich beten wir an, und von Dir erflehen wir Hilfe"

Auf Arabisch bedeutet *ʿabd* sowohl Diener als auch Sklave, und das Verb *ʿabada* i5. Vers bezieht sich auf Gott: Ihn *anbeten*. Dieser Vers lehrt auch, dass man Ihn *anflehen* soll. Diese beiden Handlungen gehören zusammen – auf jeden Fall sagt dieser Vers das in aller Klarheit. Aber man kann sich fragen: warum soll man den Gott anflehen, den man anbetet, wenn er keinerlei Absicht hat, etwas zu unseren Gunsten zu tun, wenn er unendlich weit von den Menschen entfernt ist?

Wenn man aber das Gegenteil glaubt, stellt sich auch ein Problem. Wenn er sich um mich kümmert, gehe ich dann nicht aufs Ganze? Wenn er aber der Urheber des Guten wie des Bösen ist – wie es im Namen seiner Allmacht von ihm gesagt wird – dann ist es vielleicht besser, wenn ich unbemerkt bleibe und den Mund halte, und ihn nicht um Hilfe anrufe? Denn, habe ich die Forderungen des Ramadans wirklich gut erfüllt? Was fordert er von mir, damit ich bei ihm gut angeschrieben bin, Er, der sagt: „Gott liebt diejenigen, *die sogar soweit gehen, dass sie töten* (*qatala*) auf seinem Weg, (das heißt für Ihn)“ (Koran 61,4)?

Soll man Gott also anflehen oder nicht? Dieser Vers 5 ist überhaupt nicht eindeutig.

Außerdem erkennt man in diesem Vers eine Beziehung zwischen „Dir“ (Gott) und „uns.“ Auch wenn man sagt, „wir“, das sind die Muslime, welche echte Beziehung kann man zu einem Gott haben, der in allem und in allen total befiehlt und handelt? Welcher Raum bleibt da für meine persönliche Verantwortung? Und warum soll es noch ein Gericht geben, wenn nichts gerichtet zu werden braucht? Gibt es ein „Du“ (Gott) als Gegenüber eines „wir“?

Oder muss man zu der Ansicht kommen, dass ich nicht verantwortlich bin? Ist es nicht der Fehler Gottes, wenn ich das Böse tue („Nicht ihr habt sie getötet, sondern im Gegenteil, Gott hat sie getötet“ – Koran 8, 17)? Bin ich denn nicht schon rein und unschuldig durch die Tatsache, dass ich Muslim bin, auch wenn ich alles tue, was an Bösem möglich ist? Und wird man dann im Himmel viele Menschen finden, die Grauenhaftes begangen haben, aber Muslime sind, während die Guten und Gerechten, die keine Muslime sind, in der Hölle sein werden?

Sonderbarerweise sagt der islamistische Diskurs mir, dass ich verantwortlich bin, verantwortlich für die Ausbreitung des Islam. Aber für welchen Islam sollte ich ein mukallaf, ein Kämpfer, werden? Für den Islam der Wahabiten? Für den in Indonesien, der ziemlich offen ist (wenn man den Genozid beiseite lässt, der 1875 in Ost-Timor begangen wurde)? Oder noch einen anderen?

Warum sollte Gott mich außerdem brauchen, wenn er doch allmächtig ist?

Man sieht, wie auch immer man die Dinge betrachtet, stößt sich die Logik an einem Problem: gibt es vor einem „Du“, das Gott ist, ein „wir“?

Und eine grundsätzliche Frage taucht auf: Hat dieses „Gegenüber von Angesicht zu Angesicht", von dem die Bibel spricht, Sinn oder existiere ich nicht als echtes Gegenüber Gottes?

6. Der rechte Weg

ihdinā ṣ-ṣirāṭa l-mustaqīm[a]
„Leite uns auf dem rechten Weg"

Was ist der rechte Weg? Wenn man sagt: „Leite uns auf dem rechten Weg", nimmt man an, dass es auch einen anderen gibt, den schlechten Weg. Nach dem letzten Vers, der dem Wort „Weg" wie eine Art Glosse angehängt ist, gibt es wohl mehr als einen schlechten Weg, es soll sogar zwei geben, wie wir sehen werden: der schlechte Weg der Juden und der der Christen. Aber warum nur zwei? Logischerweise hätte dieser Schlussvers auch etwas über die Buddhisten, die Hindus und noch andere Gruppen aussagen müssen.

Kurz, man kann sich ganz einfach fragen, ob ursprünglich der Ausdruck „der rechte Weg" sich nicht auf die ganz klassische Doktrin der „zwei Wege" (oder Bahnen) bezog, den guten und den schlechten Weg.

Die vorislamische Doktrin der „zwei Wege"

In der Bibel, im Psalm 27, findet man die Formulierungen der Fātiḥa: „Lehre mich, Herr, deinen Weg, leite mich auf dem rechten *Weg*." Das Hebräische kennt das Wort *halakha* das von einer hebräischen Wurzel stammt, die *gehen* bedeutet, und man hat die Torah damit auf eine bestimmte Art kommentiert. Die Vorstellung vom „rechten Weg" kommt nämlich daher, dass der Bund, der durch das Gesetz besiegelt wurde, zum Leben und zum Glück führt; aber ihm ungehorsam zu sein, führt zum Tod und zum Unglück (Deuteronomieum 30, 15-18). Aber dort haben wir keinerlei Aufteilung der Menschheit in Gute und Schlechte, sondern nur die Tatsache, dass jeder vor zwei Wege gestellt ist, einen guten und einen anderen, den schlechten.

Und wenn man im Psalm 1,6 liest: „Der Herr kennt den Weg der Gerechten, aber der Weg der Gottlosen verirrt sich", dann darf man daraus auch keinen Gegensatz zwischen den Gerechten und den Bösen herauslesen, sondern den Gegensatz zwischen dem Weg der Gerechten und dem der Bösen. Es steht nämlich auch geschrieben, dass ein Gerechter böse werden kann, und in diesem Fall wird man sich seiner Gerechtigkeit nicht mehr erinnern – und das Gegenteil ist auch wahr: „Was den Bösen anbelangt, wenn er alle seine Sünden sein lässt, die er begangen hat, und alle meine Gesetze beachtet und Recht und Gerechtigkeit praktiziert, dann wird er leben, er wird nicht sterben. Man wird sich all der Verbrechen, die er begangen hat, nicht mehr erinnern, er wird leben wegen der Gerechtigkeit, die er geübt hat“ (Ezechiel 18, 21-22).

Im Evangelium findet man ähnliche Themenbereiche. [4]

Es ist wichtig, dass man erkennt, dass in all diesen Texten die Vorstellung vom „rechten Weg“ keine Einteilung der Menschheit beinhaltet in diejenigen, die für den Himmel prädestiniert sind und diejenigen für die Hölle, und auch keine Einteilung in Gute, die den Auftrag haben sollen, die anderen, die Bösen, zu töten. Auch in den anderen alten christlichen Texten, die wir zitieren könnten, zum Beispiel im *Brief des Barnabas*, einem apokryphen Text aus dem zweiten Viertel des 2. Jahrhunderts, findet man das nicht: „Es gibt zwei Wege (von denen jeder abhängt ist) von einer Lehre und einer Autorität: den Weg des Lichts und den Weg der Finsternis. Groß ist der Unterschied zwischen diesen zwei Wegen. Denn die Engel Gottes, die Licht geben, sind mit dem einen beauftragt, und mit dem anderen die Engel Satans. Der eine ist der Herr von Ewigkeit zu Ewigkeit, der andere ist der Fürst des gegenwärtigen Zeitalters der Sünde“ (§18-21).

Im 2. Jahrhundert spricht auch Hermas von einem krummen Weg, dem der Finsternis, und sagt, dass er denjenigen, die ihn wählen, Verderben bringt: „Du, hab Vertrauen in den Gerechten, aber nicht in den Ungerechten; denn die Gerechtigkeit folgt einem *rechten, geraden Weg*, die Ungerechtigkeit, einem krummen Weg. Folge also dem geraden Weg, lass den verschlungenen Weg. Der *krumme Weg* ist nicht geebnet, man kann nicht auf ihm gehen, er ist voller Hindernisse, steinig und voller Dornen. Jenen, die ihn nehmen, bringt er Verderben“ (*Der Hirt des Hermas* 35, 2-4). Diese Lehre gilt für die kollektive Ebene genauso wie für die individuelle: Gruppen, Gemeinschaften oder Nationen, die dem Weg des Verderbens folgen, werden das bereuen.

Aber in einigen nachchristlichen Texten scheint die Vorstellung von den „zwei Wegen“ manchmal eine soziologische Wendung zu nehmen, so, als ob es sich um zwei menschliche Gruppen handeln würde, die einander entgegengesetzt sind. In der *Gemeinschaftsregel* (1QS), die man in einer Höhle in der Nähe vom Toten Meer gefunden hat, liest man: „Die Söhne der Gerechtigkeit ...gehen auf den Wegen des Lichts; ...und die Söhne der Abweichung gehen auf den Wegen der Finsternis“ (3, 20-21). Es handelt sich um Traditionen mit sektiererischer Tendenz, welche eine Versuchung zu Überlegenheit und Intoleranz bestärken konnten.

Schlechte Mittel, aber ein guter Zweck?

Trotz all ihrer Unterschiede hätte keiner dieser Texte, die Aussage gemacht, Böses zu tun könne Teil des rechten Weges sein, wenn man nur ein gutes Ziel verfolgt. Hier stößt man auf eine schwere und schwierige Frage. Darf ich Böses tun im Hinblick auf etwas Gutes, das ich erreichen will – sei es real oder vermutet -? Rechtfertigt der Zweck die Mittel, wie man manchmal zu hören bekommt?

Wenn man vom „rechten Weg" spricht, dann wird vermutet, dass man weiß, wohin er führt. Man kann gutgläubig der Meinung sein, dass das Ziel des Weges gut sei, obwohl es das nicht ist, und auf jeden Fall kann man darüber diskutieren. Und auch wenn das Ziel gut erscheint, sind dann alle Mittel, die dorthin zu führen scheinen, ebenfalls gut? Das enthält zwei weitere Fragen.

1. Wir wollen zuerst die Mittel anschauen. Nach der aktuellen militärischen Doktrin der USA ist es akzeptabel, bis zu zehn Zivilisten zu töten, um einen einzigen Dschihadisten zu eliminieren. Ist das nicht widerlich? Die wahabitischen Prediger lehren, dass es erlaubt und sogar nützlich ist, für die Sache des Islam zu lügen – das ist die berühmte *taqqiya*, die auch schiitische Prediger lehren. Ist das alles der rechte Weg?

2. Nun wollen wir das „Ende" des Weges betrachten, das heißt, das Ziel, das man verfolgt – oder das, was als einem solches dargestellt wird, denn es wird viel manipuliert. Wer wäre gegen eine bessere und gerechtere Welt? Alle träumen von einer idealen Gesellschaft, die es zu bauen gilt. Dieser Traum bewegt etwas sehr Tiefes im Herzen und im Geist der Menschen. Die europäische Geschichte zeigt, dass dieser Traum viele Male verwendet wurde, um Völker zu Bürgerkriegen und Weltkriegen zu motivieren, und die Geschichte des Islam zeigt das ebenfalls. Worin besteht der Irrtum?

Bei islamistischen Demonstrationen in Großbritannien konnte man Plakate sehen, auf denen stand: „*Islam is the solution.*" Das heißt: „Es genügt, die Scharia in der ganzen Welt anzuwenden, und man wird eine ideale Welt erhalten – so, wie Gott sie will." Dieses Thema ist zentral, besonders im Denken der Muslimbrüder und der Taliban, aber ist denn ausreichend bekannt, dass die Muslimbrüder vor beinahe einem Jahrhundert durch den MI5 gegründet wurden, den britischen Geheimdienst (damit sie den arabischen Islam gegen die Türken hochhalten) und dass die Taliban in Afghanistan von der CIA gegründet wurden, dem Geheimdienst der USA? Kann aus solchen Manipulationen eine ideale oder auch einfach nur bessere Welt entstehen?

Wir wollen die Frage noch einmal anders stellen. Gegen wen kämpfen die Dschihadisten in Syrien? Gegen die Ausbeuter dieser Welt, gegen die Korruption, gegen den Antichristen? Nein, gegen einen sunnitischen Staat, der verschiedenen muslimischen Gruppen eine Koexistenz ermöglicht und gegen andere Gruppen in der Bevölkerung, die nicht muslimisch sind (das ist Laizismus auf syrisch). Wer bezahlt sie? Mehrere Milliarden Dollar allein für Waffen wurden von Mächten ausgegeben, die ein Verschwinden des Staates Syrien wollen. Seit 2017 ist der Staat Israel immer stärker in den Konflikt verwickelt, und es kann daher nicht mehr verboten sein, zu sagen, dass es so ist (seit Beginn, wie man heute weiß). In diesem Konflikt gab es beinahe 200.000 Tote und Millionen von Flüchtlingen, im Landesinneren und außerhalb. Die UNO schätzt die Schäden für das Land auf 235 Milliarden Dollar. Wer profitiert vom Kampf dieser Islamisten, wenn nicht diejenigen, die sie bezahlen oder die sogar einen Teil des Landes mit ihrer eigenen Armee besetzen (2018)?

Wenn man sich diese Realitäten anschaut, dann erscheint der Weg der Islamisten als das Gegenteil des „rechten Weges“; er ist schlecht, sowohl was die Ziele, als auch was die verwendeten Mittel anbelangt. Man muss sogar noch genauer herausarbeiten:

1. Ein rechter Weg verfolgt ein gutes Ziel, und er verwendet dafür auch gute Mittel;
2. Wenn ein Weg schlechte Ziele anstrebt, dann ist er schlecht, auch wenn er gewisse akzeptable Mittel verwendet;
3. Und wenn ein Weg ein gutes Ziel anstrebt, aber schlechte Mittel verwendet, ist er auch schlecht.

Fallen und Manipulationen

Nimmt man nicht letztlich den Platz Gottes ein, wenn man die Menschen in ein Lager der Guten (zu dem man natürlich selbst gehört) und ein Lager der Schlechten einteilt? Dies ist eine riesengroße Falle. Eine Lehre, welche die Menschheit in zwei Lager aufteilt, ist eine Lehre des Hasses. Präsident Bush hat eine solche Doktrin vorgeschlagen, als er von der „Axe des Guten“ gegen die „Axe des Bösen“ gesprochen hat. Aber was machen die salafistischen Prediger anderes, wenn sie lehren, dass man die Juden und Christen hassen muss? Auch sie teilen die Welt in zwei Hälften ein. Demgegenüber hat der ägyptische Präsident El-Sissi der Al-Azhar-Universität von Kairo gebeten – oder so getan, als ob er darum bäte - die Bücher und Kurse auszusondern, die solches lehren ...und das kann man sogar im Staatsfernsehen hören! Wie kann man übersehen, dass nicht Gott hinter dieser Falle steht, die zum Hass verleitet, sondern finstere Interessen?

Den diejenigen, die zu einem Hass aufstacheln, der soweit geht, dass man bereit ist zu töten, zu lügen und zu verletzen, dass man tötet, lügt und verletzt, diejenigen, die dafür bezahlt wurden, dass sie junge Menschen durch ihre Predigten in der Moschee davon überzeugen, sich in Syrien töten zu lassen, gehorchen damit globalen Plänen, die über unseren Horizont hinausgehen – und die manchmal als Pläne bezeichnet werden, die zu „kontrolliertem Chaos“ führen.[5]

Wenn man Länder in die Zerstörung treibt, in endlosen Krieg und Terror, dann kann das keine Welt sein, in der Gott handelt. Er braucht solche Pläne nicht. Jeder Gläubige, der nachdenken kann, wird erkennen, dass der Böse am Werk ist, der davon träumt, die Welt zu beherrschen und zu zerstören durch eine einzige Macht, welche sowohl in den christlichen als auch in den islamischen Traditionen denselben Namen des *Antichrist* trägt.

Auch viele Nicht-Gläubige kritisieren diese Pläne, auch wenn sie die Dinge nicht direkt beim Namen nennen. Manchmal sind diese Pläne zwar inkohärent und kommen nur tastend voran, aber sie sind sehr real: natürlich war niemals *ein einziger* Plan am Werk, sondern sicher verschiedene Interessen, die dieses oder jenes Projekt für die Beherrschung der Welt favorisiert haben. Und wovon träumten die Kalifen zu ihrer Zeit?

Jeder Plan, der die Menschheit in zwei Lager spaltet und einen Teil gegen den anderen aufstachelt, ist das Gegenteil des „rechten Weges“, der nicht nur für einzelne Menschen, sondern auch für Familien und Nationen die Richtschnur ist. Aber wie soll man aus einer solchen Falle wieder herauskommen?

Wenn man sich der Manipulationen, denen man ausgesetzt ist, bewusst wird, dann ist das ein erster Schritt. Aber ist nicht entscheidender, wieder zu entdecken, was den rechten Wegen ausmacht, das heißt, die Erwartung des Tages Gottes, den kein Mensch an Gottes Stelle vorverlegen oder kommen lassen kann? Eine andere und bessere Welt ist möglich, man kann sie rational erfassen. Aber wenn man den christlichen Überlieferungen glaubt, dann kommt sie *nach* dem Tag des Gerichts und nicht *vorher*. Es ist in doppelter Hinsicht unsinnig, das Gericht vorwegnehmen zu wollen, was bedeutet, einen „eschatologischen“ Krieg zu beginnen.

Man sieht, dass die von diesem Vers 6 aufgeworfenen Fragen der Fātiḥa sehr bedeutsam sind.

7. Ein Zusatz gegen die Juden und die Christen

iṣirāṭa llaḏīna 'anʿamta ʿalayhim ġayri l-maġḍūbi ʿalayhim wa-lā ḍ-ḍāllīn[a]
„*der Weg* derjenigen, die Du mit Gunsterweisen überhäuft hast, nicht derjenigen, die Deinen Zorn verdienen, noch der Verirrten“

Der letzte Vers der Fātiḥa ist ein langer Zusatz (*badal*) zu dem Wort „Weg.“

Eine Tradition von immer gleichen und nur in diese Richtung weisenden Kommentaren weist darauf hin, dass „dienigen, die Du mit Gunsterweisen überhäuft hast“ die Muslime sind, dass „diejenigen, die Deinen Zorn verdienen“ die Juden sind und dass der Ausdruck „die Verirrten“ die Christen bezeichnet. Die Einstimmigkeit dieser Interpretation erklärt sich aus der einfachen Tatsache, dass diese Ausdrücke sich auf zwei Textstellen der Sure 5 beziehen, wo es tatsächlich einerseits heißt, dass die Juden diejenigen sind, die den Zorn Gottes auf sich ziehen, und dass andererseits die Christen in der Verwirrung sind.[6]

Daher ist es für Juden oder Christen nicht möglich, die Fātiḥa zu rezitieren: Sie würden sich selbst verurteilen, wenn sie diesen Vers 7 sagen würden. Aber ohne diesen erstaunlich langen Schlussvers könnte die Fātiḥa von allen Gläubigen gesprochen werden. Von den Muslimen wird sie jeden Tag und unter allen Umständen rezitiert; auch dann, wenn sie nicht daran denken, verurteilen sie daher dauernd Juden und Christen.

Und dieser Schlussvers ist wirklich merkwürdig. Als Zusatz ist er quasi einzigartig im Koran, und dieser Zusatz ist sonderbar lang – viel länger als jeder andere Vers. Aus verschiedenen Gründen (Rhythmus, Struktur, schlechte Syntax, impliziter Bezug zu einer anderen Sure...) sind viele Exegeten zu dem Schluss gekommen, dass dieser Vers 7 später, unter der Herrschaft eines Kalifen, angefügt worden sein muss, vielleicht, als dieses Gebet, das „Eröffnung“ genannt wird (das ist das islamische Verständnis des Wortes *fātiḥa*), an den Anfang des Korans gesetzt wurde (während es beinahe die kürzeste Sure ist und daher am Ende stehen müsste).

Seitdem wird in diesem Vers der Versuch unternommen, die Menschheit aufzuspalten – in Ungläubige, zu denen man nach dem islamischen

Diskurs die „christliche Welt" zählt, und Hindus und andere religiöse Gruppen verdienen es nicht einmal, genannt zu werden. Ein Kalif hat sich geschickt der Sure bedient, die im Islam am meisten gebetet wird. Die Vorstellungen von Georges Bush, der die Welt in eine „Axe des Guten" und in eine „Axe des Bösen" aufteilt, sind nicht sehr anders, wie wir gesehen haben.

Es ist wirklich schade, dass man diesen Vers angehängt hat, denn die Fātiḥa wäre ansonsten ein schönes Gebet, dass jeder beten könnte.

Kapitel II

Gedanken zu Vergangenheit und Zukunft

Der größte Teil der Arbeit hat bislang darin bestanden, ausgehend von der Fātiḥa richtige Fragen zu stellen und zu beginnen, diesen Fragen zu behandeln. Das Vorgehen muss nun in Richtung Zukunftsperspektiven gehen.

Dafür ist es nötig, sich das, was „Gericht" genannt wird, genauer anzusehen. Vorher haben wir mehrmals den Begriff „Antichrist" erwähnt; es ist eine Person, und nach vielen islamischen Überlieferungen ist er auch noch einäugig. Der Antichrist muss die gegenwärtige Zeit abschließen, weil er beim Gericht gerichtet und eliminiert werden muss. Was kann das wohl bedeuten?

1. Gericht und Antichrist

Wenn man glaubt, dass Gott das Lager derjenigen, die Böses tun, verurteilen wird, wann wird er das tun, das heißt, wann könnten wohl eines Tages „zwei Lager" existieren?

Zwei „Lager", die man nicht von vornherein unterscheiden kann

„Ein Gott, der einschreitet gegen das Lager des Bösen": auf den ersten Blick und nach dem ersten Teil dieses Buches erscheint eine solche Sichtweise ungewöhnlich und unbegründet. Aber sie gehört dennoch zum Glauben (sowohl dem biblischen als auch dem muslimischen). Auch lässt die Grundbedeutung von Gerechtigkeit das hoffen.

Was da unbegründet erscheint, ist aber in Wirklichkeit die grauenhafte Anmaßung, man könne an der Stelle Gottes eine Auswahl treffen, nicht aber das Faktum des Einschreitens Gottes als solches: es erscheint logisch, dass eines Tages alle Menschen auf der Erde – zumindest alle Erwachsenen – Position beziehen müssen für oder gegen Gott. Oder noch genauer, gegen oder für den Antichrist. Der Grund dafür ist ganz einfach. Nehmen wir einmal an, dass sich eines Tages auf der Welt eine einzige, maffiöse Macht durchsetzt. Derjenige, der an ihrer Spitze steht, hätte keinen Konkurrenten mehr und würde nicht darauf verzichten, sich zu zeigen und sich von allen Menschen anbeten zu lassen – das hat man sogar in kleinerem Ausmaß schon bei vielen totalitären Regimen erlebt, die sich eine Wesensart anmaßen, die sich von den Sterblichen unterscheidet und daher quasi göttlich ist.

Wenn das geschieht, wird das einzige maffiöse Oberhaupt, das von denjenigen, die es nicht lieben, *Antichrist* genannt wird (die anderen werden ihn loben), die Menschheit in zwei „Lager“ aufgeteilt haben. Diese Aufteilung wird sich auf ihn beziehen und es ermöglichen, dass der Tag des Gerichts kommt – das wäre sogar der einzig „positive“ Aspekt dieser Wesensart des Bösen. Das hilft uns zu erkennen, warum ein Gott, der das Böse nicht will, zulässt, dass es sich der ganzen Welt offenbart.

Logischerweise kann man dann besser verstehen, dass diejenigen, die davon träumen, die Welt in zwei Teile aufzuspalten und die „anderen“ zu unterwerfen (das Wort *islām* bedeutet nämlich genau dies: *Unterwerfung*), genau die Arbeit des Antichristen vorbereiten und tun. Und ganz sicher nicht die Arbeit Gottes.

Vorläufer auch in der Geschichte Europas

„Die Welt in zwei Teile spalten und die anderen unterwerfen“: in Europa gab es ein solches Projekt zum Beispiel mit dem atheistischen Kommunismus. Die Historiker sagen, er ist für hundert Millionen Tote verantwortlich: er trennte die Menschen in zwei Lager, die „sozialistische Welt“ und die „zu erobernde Welt.“ Der englische Kommunist George Orwell, der am spanischen Bürgerkrieg (1936-1939) teilnahm und dort die Grauenhaftigkeiten sah, die diese Ideologie des (sozialistischen) Heils auf der Seite der „Republikaner“ hervorbrachte, kam davon angewidert nach England zurück. Später schrieb er seinen Roman „1984“,[7] in dem er im voraus die *post-kommunistischen* Projekte kritisierte, die vorgeben, sie würden die Erde reinigen und eine vollkommene Gesellschaft errichten.

Natürlich hatten ähnliche Ideen Europa schon früher mit Blut überzogen, besonders im 15. Jahrhundert in Tschechien, als die Hussiten die Waffen gegen alle ergriffen, die sie als ...Handlanger des Antichristen ansahen (es genügte schon, dies nur in Gedanken zu tun!). Ein Jahrhundert später klagte Luther den Papst an, er sei der Antichrist,[8] und löste seinerseits

Kriege aus, die man „Religionskriege“ nannte. Aber William Cavanaugh und andere haben gezeigt, dass es sich eher um Kriege zur Machtergreifung sektiererischer Gruppen handelte, die den religiösen Glauben dazu verwendeten, Leute zu täuschen und zu unterwerfen. Die späteren Revolutionen und Kriege versuchten übrigens nicht mehr, ihr noch schlimmeres Sektierertum mit der Bibel zu rechtfertigen, sie prahlten sogar offen damit, dass sie antichristlich waren.

Man muss hier klarstellen, dass das Evangelium keinerlei Sektierertum mit „zwei Lagern“ lehrt. Sicher ist es seinem latenten Einfluss zu verdanken, dass Europa trotz allem meist immer noch ein Gebiet ist, wo Frieden herrscht und wo Leute aus der ganzen Welt Zuflucht suchen – was in den muslimischen Ländern nicht der Fall ist. Aber ein Einfluss macht diesen Kontinent noch nicht zu einer Einheit von „christlichen Ländern“, wie dies der islamistische Diskurs behauptet und sogar der türkische Präsident in seinen Reden, die an kommunistische Redeweisen erinnern, in welchen die Welt in kapitalistische und sozialistische Länder aufgeteilt wird. Das ist um so irrwitziger, als in den europäischen Ländern und vor allem in denen des Westens, die vom Kommunismus nur die Ideologie und die Träume kennen gelernt haben, die christlichen Bezugspunkte immer mehr entfernt werden. Von letzteren bleibt nur ein vager Konsens übrig, der sich auf die Regel bezieht: „Was du nicht willst, das man dir tu, das füg auch keinem andern zu.“ Ist es das, was Erdogan stört? Auf jeden Fall sind heute die Menschen in den meisten Ländern des Ostens (inklusive Russland), die Millionen Tote durch das totalitäre kommunistische System zu beklagen haben, einem Einfluss des Evangeliums gegenüber weniger ablehnend eingestellt.

Diese Bemerkungen können dabei helfen, Denkblockaden bei Leuten zu entfernen, die vor allem von Europa aus die Welt aufgeteilt sehen in zwei „Bereiche“, das *dār al-islām*, die Welt von der sie träumen, und das *dār al-ḥarb*, die verdorbene christliche Welt, die sie erobern wollen (wörtlich: die Welt „des Krieges“). Dieses mentale Schema der Islamisten ist weit verbreitet.

Ein psychiatrischer Zugang wird niemals bis auf die Grundlegung eines solchen mentalen Schemas gelangen können. Denn es ist mit einer typisch religiösen Begründung verbunden und auch mit der Bedeutung des Wortes selbst: *Muslim* bedeutet, Gott *unterworfen* (und daher ist demjenigen das Paradies versprochen), was einschließt, dass die *Nicht-Unterworfenen* „das andere Lager“ darstellen (und dass sie für die Hölle bestimmt sind, was auch immer sie tun). Das ist die schreckliche islamistische Logik von

Wörtern und Ideen. Nichts kann eine solche Logik erschüttern, außer man kann zeigen, dass sie gerade von denjenigen vertreten wird, die den Antichristen vorbereiten und schon für ihn arbeiten.

Eine Welt, in der jeder respektiert wird?

Wir begnügen uns nicht damit, zu kritisieren: wir können auch eine positive Perspektive eröffnen, auch wenn sich nicht ganz und gar für heute ist: in der Logik des kommenden Gerichts ist es normal, dass die Erfüllungen für *danach* sind: Die Tatsache selbst, dass man sie für *danach* erhofft, begründet das Positivste und Schönste für die Gesellschaft, was es gibt. Was soll das bedeuten? Eine Erzählung kann mit Bildern in aller Einfachheit aussagen, was man abstrakt nur schwer begreifen kann.[9]

Es war einmal ein reicher Bauer, dessen Felder von einem multinationalen Agrar-Lebensmittel-Unternehmen (deren Namen wir hier nicht nennen) ausgebeutet wurden. Nachdem er traditionelle Saaten auf seine Felder gesät hatte, säte das multinationale Unternehmen per Flugzeug heimlich seine eigenen genetisch manipulierten Organismen, um diese Felder zu kontaminieren und ihm dann Schwierigkeiten zu bereiten und ihn durch endlose Gerichtsprozesse zu ruinieren. Der Bauer hatte Dschihadisten zur Kurzarbeit engagiert, die seine Felder überwachen sollten, und diese bemerkten später die Gefahr. Sie kamen zu ihrem Arbeitgeber und sagten zu ihm: „Morgen müssen wir José Bové anrufen und all diese gentechnisch veränderten Keimlinge ausreißen. Wir werden das Übel ausrotten.“ Er antwortete: „Nein, macht so etwas nicht, ihr lauft dabei Gefahr, die guten Triebe zusammen mit den anderen auszureißen. Wenn alle reif sind, werde ich Herrn Bové kommen lassen, der Spezial-Erntearbeiter anleitet, und diese werden die gentechnisch veränderten Pflanzen abschneiden und zerstören, ohne die guten Pflanzen zu beschädigen, und wir werden eine gute Ernte haben.“ Dann fügte er noch hinzu: „All das muss euch zum Nachdenken darüber bringen, was am Tag des Gerichts geschehen wird. Die „Guten“ sind wie die traditionellen Samen, die inmitten der gentechnisch veränderten Pflanzen wachsen, aber sie können nicht wissen, wer die „Bösen“ sind. Diejenigen, welche die Bevölkerung erforschen – die Soziologen und die Psychologen – können es auch nicht wissen, und noch weniger die Politiker, die ihrerseits erst einmal anfangen müssten, mit sich selbst ehrlich zu sein. Wer werden also diese Spezial-Erntearbeiter sein, die Gott dabei helfen werden, am Tag des Gerichts auszusortieren? Das werden keine Menschen sein, sondern Engel. Unter der Leitung Christi, der gekommen sein wird, werden sie alle Schlechten zusammen mit dem Antichristen in die Hölle werfen. Kein Mensch darf das tun, und noch sicherer ist, dass er es nicht jetzt tun darf."

Diese Erzählung in der Form eines Gleichnisses ist logisch. Wenn das Gericht kommen muss, kann es sich erst am Tag der Ernte realisieren und ganz sicher nicht als Menschenwerk. Und der Schlüssel für den Respekt vor den anderen befindet sich darin, dass man auf diesen Tag wartet: Niemand hat das Recht, ihn vorwegzunehmen und daher jemand anderen als böse anzusehen – der es verdient, vernichtet oder „unterworfen" zu werden.

„Toleranz" oder Respekt?

Ein solches Gleichnis begründet daher das, was man „Toleranz" nennt – es gibt keine andere mögliche Begründung angesichts des Islamismus und anderer Messianismen. Trotzdem wollen wir die Aufmerksamkeit auf die Wörter lenken. Das Wort *Toleranz* wird oft verwendet anstelle desjenigen von *Respekt*, und das birgt zwei Gefahren in sich.

Erstens ist das, was man „toleriert", ein Übel. Sogar die Islamisten sagen von sich, sie seien tolerant, in der Bedeutung, dass man in seinem Haus Kakerlaken erträgt, die man im Augenblick nicht zu töten in der Lage ist: Sie sagen, sie tolerieren die *kuffār* (oder die *Ungläubigen*) in dem Sinn, dass sie sie nicht töten, solange sie ihnen die *ǧizya* bezahlen, die eine Art Recht auf Leben erwirkt. Aber was ist eine solche „Toleranz" anderes als eine Art „Vernichtung des anderen", wie Claude Lévi-Strauss sagte, oder ein „Hassverbrechen", wie man heute sagt?

Die andere Gefahr des Wortes „Toleranz" hat mit seinem Gebrauch durch die liberalen Anti-Muslime zu tun: sie sagen, man muss „tolerant" sein gegenüber allen heutige Arten zu leben, besonders in sexueller Hinsicht, so, als wäre es ein Mangel an Respekt gegenüber den Leuten, wenn man eine andere Meinung hat. Es geht um die Gefahr einer schweren und heuchlerischen Vermischung zwischen Leuten, die Respekt verdienen, und Taten, die ihn nicht verdienen. Diese Vermischung macht es fast unmöglich, diejenigen zu verteidigen, die zu Opfern werden sind – besonders der Kinder, die dieser Ideologie geopfert werden. Es ist wichtig, die richtigen Wörter zu gebrauchen.

Rational zuhören können

Genauso wichtig ist es, die muslimischen Überlieferungen ernst zu nehmen, die vom Antichrist sprechen, auch wenn einige Aspekte übertrieben erscheinen –auf jeden Fall sprechen sie davon sehr viel häufiger als der gegenwärtige christliche Diskurs. Diesen Überlieferungen gegenüber empfindet ein westliches rationalistisches Denken leicht Vorbehalte, besonders gegenüber der Vorstellung eines „Messias Jesus“ (nach dem Ausdruck des Koran), der vom Himmel wieder auf die Erde herabsteigt, um dort den Drachen-Antichrist zu töten, sich an die Spitze eines weltweiten bewaffneten Kampfes zu setzten und noch vierzig Jahre auf der Erde zu leben (oder bis zum Alter von 40 Jahren, je nach der entsprechenden Version).

Demgegenüber ist die christliche Version (welche die ursprüngliche ist) sehr viel einfacher. Sie erwähnt ein Erscheinen Jesu „auf den Wolken.“ Eine solche Vision, die dann alle haben werden, genügt, um zu erklären, was Gericht bedeutet. Die christlichen Überlieferungen beschreiben sicher so nicht ausführlich das Wie des Gerichts wie die islamischen (die dadurch unklar und widersprüchlich werden); aber die moderne Psychologie kann hier sicher einiges erklären: Wenn man einer absoluten Evidenz ausgesetzt ist und nicht fliehen kann, so scheint es, dass der menschliche Geist sie nicht leugnen kann, ohne schwere, vielleicht sogar tödliche Schäden davonzutragen. Auf jeden Fall bleibt diese Frage noch offen. Und diese Überlieferungen sprechen, genau wie diejenigen des Islam, von einer Fortsetzung (bis Christus „sein Reich dem Vater übergibt“[10]).

Der Mensch lebt entsprechend den Bildern, die er sich von der Zukunft macht – Bilder von seinem Leben auf Erden (persönliche oder gesellschaftliche) und Bilder vom Jenseits. Es wäre völlig irrational, das nicht zu berücksichtigen. Aber genau das hat man im Bereich der „Entradikalisierung“ getan, und zwar so sehr, dass man die islamistische Logik weder verstanden, noch ihr zugehört hat. Diese in sich geschlossene Logik, welche die Vielfalt der „eschatologischer“ Vorstellungen ergänzt, scheint wie Beton zu sein. Aber man kann sie leichter aus den Angeln heben, als man denkt. Unter der Bedingung, dass man sich in die Vorstellungen der anderen, der Islamisten, hineinversetzt.

2. Fundamente eines gesellschaftlichen Zusammenlebens?

Was kann man wirklich hoffen? Man kann sich weder mit der Abwesenheit von Perspektiven zufrieden geben, das würde zum Nihilismus führen, noch mit einer Konsumkultur, die verspricht, man könne alles haben und zwar sofort und die dabei ein „gemeinsames Zusammenleben" vorspiegelt, das nichts als eine Utopie ist.

Die Integration hat funktioniert, auch wenn sie zur Zeit durch einen massiven Zustrom von Migranten gefährdet wird, obwohl der Kommunitarismus befördert wurde und noch immer wird. Die *Resolutionen von Strassburg* vom 7. und 8. Juni 1975 haben ausdrücklich gefordert, dass „die Immigranten auch das Recht haben, ihre Kultur nach Europa zu exportieren, für sie zu werben und sie zu verbreiten ...[11]

Nun geht unsere Reflexion zur Fātiḥa davon aus, dass es möglich ist, eine effizientere Integration anzustreben, welche die Glaubensvorstellungen der muslimischen Gemeinde besser berücksichtigt:

1. Zu dieser Integration müsste angesichts der allgemeinen, sehr realen Bedrohungen (welche die muslimische Gemeinde allgemein als im Zusammenhang mit dem Antichrist stehend wahrnimmt) eine Zusammenarbeit jenseits der gesellschaftlichen Spaltungen gehören.

2. Diese Integration könnte darin bestehen, dass man auf dieser Erde die Hoffnung auf eine bessere Welt teilt, unter der Bedingung, dass man diese bessere Welt, wie die Gläubigen sie sehen, zu einer Zeit jenseits des „Tages des Gerichts" ansiedelt.

Für all dies ist es nötig, sein Überlegenheitsgefühl und seine Opferhaltung aufzugeben.

Das Idee einer Vormachtstellung aufgeben

Die Vorstellung von der eigenen Überlegenheits ist sowohl eine innere als auch eine äußere Haltung, die sich auf die Überzeugung stützt, man gehöre einer höherstehenden menschlichen Gruppe an als der Rest der Menschheit. Diese islamistische Identität kann sich auf eine Formel im Koran stützten: „Ihr seid die beste Gemeinde, die jemals bei den Menschen entstanden ist" (3, 110). Die Vorstellung von einem „auserwählten Volk" kommt aus der Bibel, aber dieser heilige Text beschreibt niemals eine Überlegenheit, die dem Judentum übertragen worden sein soll, sondern eine Aufgabe, Zeugnis zu geben und heilig zu leben mitten unter den anderen Menschen.

Innerhalb der Gruppe, die dieses Ziel verfolgte, nistete sich aber ein System ein, das „sein eigenes Süppchen kochte" und „rein und unrein" unterschied: wenn man dem Apostel Paulus glaubt, der Spezialist für das jüdische Recht ist, dann hatte dieses System der Trennung nur pädagogische Ziele (kulturelle und kultische, vgl. Brief an die Galater 3, 24); es sollte niemals dazu dienen, dass man in die Köpfe der Kinder setzt, sie seien dem Rest der Menschheit überlegen. Übrigens, sagt er noch dazu, sind diese Ziele überholt.

Heute, und speziell in Europa, ist die Praxis des Halal meist eine Art, sein „Anderssein“ auszudrücken, in der Bedeutung, sich aus Überheblichkeitsgründen abzusondern, weil man die anderen für „unrein“ hält. Diese Praxis, die von den Immigranten der ersten Generationen in Europa nicht praktiziert wurde, müsste verboten werden: sie nährt ein Sektierertum. Aber die zuständigen Behörden haben dies wissentlich unterstützt und tun es weiterhin...

Einige Bemerkungen drängen sich daher auf:

- Ein Gott, der keinerlei Übel will, beauftragt niemanden, die anderen auszurotten, ob es nun Nichtmuslime sind, Frauen oder andere Muslime (die Frage der Sklaverei ist sehr real, sie wird von den salafistischen Predigern regelmäßig verteidigt, und es gibt sogar Fatwas, um die Versklavung von Muslimen zu rechtfertigen – die im Islam theoretisch verboten ist).
- Aber ein Gott, der zu den Menschen nur eine Beziehung der Beherrschung/ Unterwerfung pflegt, übt einen schrecklichen Druck auf die menschlichen Beziehungen aus, die nur schwer anders sein können als dieses Vorbild.
- Der Druck durch die *Umma* führt außerdem zu einer Neigung, die Kraft des persönlichen Gewissens zu vermindern, so dass nur noch die Gruppenmeinung zählt – besonders bei den Islamisten. Aber man kann sich weder im Glauben noch im Leben entwickeln ohne ein gewisses persönliches und moralisches Gewissen, das sagt: „Ich bin verantwortlich“ – wobei das Wort „ich“ genauso wichtig ist wie „verantwortlich.“ Wenn in einer Gesellschaft nicht Menschen zusammenarbeiten, die „ich“ sagen und denken können, gibt es keinerlei gemeinsame Zukunft.

Es wird Zeit brauchen, bis man aus diesen mentalen Gefängnissen herauskommt. Aber, daran sollten wir uns erinnern, kein neues Vorgehen wird möglich werden, ohne einen Auslöser am Anfang, der mit einer Rückkehr zur „Eschatologie“ verbunden ist, das heißt im Wesentlichen, zum Begriff des Gerichts.

Um neue Perspektiven zu eröffnen, kann man eine Formulierung des Paulus zitieren, die genauer erklärt, was eine jede gesunde Laizität braucht (und auch der Begriff der Gleichheit): „Von jetzt an gibt es weder Juden noch Griechen (= Nicht-Juden), es gibt weder Sklaven noch Freie, weder Männlich noch Weiblich“ (Galater 3, 28).

Natürlich muss man diese starke Formulierung mit Blick auf die Gesamtheit der Lehre des Paulus lesen: sie bedeutet nicht, dass es keine Unterschiede mehr gibt oder keine Schöpfungsordnung. Sie stellt auch keine legitimen Unterschiede oder Vorlieben in Frage, zum Beispiel bei den familiären Bindungen: es ist normal und legitim, dass man zuerst eher den Nahestehenden helfen will als anderen. Nur die ideologische Verzerrung des Begriffs Gleichheit führt zu der Behauptung, man müsse alle gleich behandeln, was fundamental ungerecht wäre. Was Paulus heftig als illegitim kritisiert, das sind Diskriminierungen, die sich auf (vermutete) Überlegenheiten im Rahmen von Herrschaftssystemen gründen, die sich auf die eigene Überlegenheit stützen:

- Eine religiöse Herrschaft, die sich auf eine Überlegenheitsbehauptung stützt (einige wären von Gott auserwählt, über den anderen zu sein);
- Eine Sklavenhalterei, die darin besteht, dass man Gruppen von Menschen jegliches Recht abspricht;
- Eine Unterjochung der Frau, als ob die Beziehungen zwischen Männern und Frauen nur eine Frage der Sexualität und der Vermehrung wären (daher die ziemlich groben Begriffe, die Paulus verwendet). Man merkt, dass genau diese drei Herrschaftssysteme von den islamistischen Predigern gelehrt werden. Auf die eine oder andere Weise gehören sie übrigens zusammen, sie sind miteinander verbunden. Männer träumen mehr als Frauen von weltweiten Beherrschungsprojekten durch die Überlegenen, und gewöhnlich sind es Frauen, die Männer davon abbringen wollen (Ehefrauen oder Mütter). Deshalb neigt diese Gedankenwelt der Überlegenheit dazu, den Frauen daran zu hindern, einen sozialen Status zu erlangen (zumindest als Frauen), und das geht soweit, dass man sie zwingt, ihr Gesicht zu verbergen. Es kann kein „Zusammenleben“ geben, wenn die Frauen kein Recht auf ihre Existenz haben (und zwar als Frauen!).

Die Überzeugungen einer identitären Überlegenheit gibt es nicht nur bei Islamisten. Alle Organisationen mit dem Ziel der Beherrschung und Unterwerfung werden ihre Mitglieder davon überzeugen, dass sie zu den höheren Wesen gehören, und sogar, dass die anderen keine wirklichen Menschen sind. Das gilt auch für Nationen, die in einem solchen Geist gegründet wurden. Wenn man hört: „Amerika bleibt die einzige Nation, welche die Welt wirklich braucht“,[12] dann ist das beinahe genauso beunruhigend wie wenn man Reden von wahabitischen Predigern hört.

Sich von der „Opferrolle“ befreien

Die Ablehnung einer jeglicher Haltung der Überlegenheit kann nur das Ergebnis einer geduldigen Arbeit sein. Aber dies ist nicht der einzige psychologische Aspekt, der zum mentalen Gefängnis der Islamisten gehört: es gibt auch die „Opferrolle.“ Die Vorstellung von sich als Opfer, vor allem als Gemeinschaft, kann als Schuldvorwurf gegen eine intendierte Gruppe verstanden werden: das Ziel besteht darin, deren Beherrschung durch psychologische Mittel zu installieren, und natürlich, sich daraus Vorteile zu verschaffen. Die alten freudianisch-marxistischen Achtundsechziger waren ehemals Meister in dieser Kunst, mit der sie verschiedenen Gruppen (realen oder phantasierten) Vorteile verschafften, indem sie neue, soziale „Sünden“ erfanden.

In diesen psychologischen, medialen oder juristischen Manipulationsspielen halten die Islamisten mit dem Begriff der „Islamophobie“ ein Schießcharte offen. Dieses Wort funktioniert sowohl in beschuldigender wie auch in identitärer Redeweise. Eine derartige Propaganda zur eigenen Opferrolle findet bei jungen Leuten günstige Aufnahmebedingungen, weil diese vom Aufnahmeland nur ihre Gemeinschaft kennen, die aber in Frustration leben, wegen der Reichtümer, die sie im Fernsehen sehen; aber sie findet sie auch anderswo. Wenn „Islamophobie“ eine Krankheit ist, wie das Wort suggeriert, dann ist sie für die nicht-muslimischen Milieus nicht ansteckend: es ist eine Phobie der Islamisten, die meinen, sie seien Opfer der nicht-muslimischen Welt. Es ist eine Krankheit im dem Sinn, dass sie jede richtige soziale Wahrnehmung verwirrt und natürlich menschliche Beziehungen erschwert (zum Beispiel auf der Arbeit), was wiederum die Opferrolle verstärkt: Der Islamist ist von Natur aus Opfer, er ist unschuldig und wird zu unrecht „diskriminiert“, er muss sich rächen, denn da er unschuldig ist, kann er die Gerechtigkeit wiederherstellen.

Diese Krankheit ist aber mehr als eine Vorstellung von Überlegenheit, sie hat auch eine religiöse Dimension. Denn die Vorstellung, dass die Gerechtigkeit durch Unschuld wiederhergestellt werden muss, ist eine biblische, und sie ist vor allem eine christliche Häresie, was nicht leicht verständlich ist.

In den Jahren 2004-2005 hat der Film „Die Passion Christi“ (2004) bei den Muslimen mehr Erfolg gehabt und bis nach Saudi-Arabien (wo ihn die Leute auf Raubkopien von DVDs angeschaut haben), als beim westlichen Publikum. Eine damalige Reaktion ist sehr aussagekräftig: „Die Palästinenser sind noch immer derselben Art von Leiden unterworfen wie demjenigen, dass Jesus bei der Kreuzigung erlitten hat.“[13] Eine solche Gleichsetzung ist verwirrend, dann in der islamischen Logik kann ein Gesandter Gottes nur siegreich sein, aber der Film zeigt einen gekreuzigten Gesandten Gottes! Zum Glück endet der Film mit der Auferstehung – daher ist Jesus letztlich tatsächlich siegreich. Aber es ist etwas anderes, was das islamische Publikum derart berührt hat: die in dem Film stark betonte Dimension des Gerichts. Und das vergossene Blut!

Man sieht nämlich Satan-Iblis, der im Film als Person dargestellt wird, wie er seine Macht verliert wegen dem vergossenen Blut des vollkommen Unschuldigen, der sein Leben anbietet. Nun ist das vergossene Blut das des Widders von *ʿĪdu l-Aḍḥā*, dass die Opferung von Abrahams Sohn darstellt (egal welchen Sohnes), die nicht stattfand. Es ist auch das Blut derjenigen, „die sich nicht unterwerfen“, und die von den Islamisten gemetzelt werden. Es ist auch das Blut des „Märtyrers“ (*šahīd*), der sein Leben verliert, nachdem er versucht hat, so viele Feinde Gottes wie möglich zu töten. Jesus dagegen hat niemanden getötet. Da ist ein zentraler Punkt, der es verdient, genauer angeschaut zu werden, wenn man mit Islamisten spricht.

Die Beobachtungen von Karpman bewahrheiten sich hier offensichtlich: wer sich als Opfer darstellt, verwandelt sich leicht in einen Henker – oder in einen Retter. Die Opferrolle ist eine komplexe Manipulation, die dem Leben der Mitglieder einer Gemeinschaft Sinn verleiht. Dieser Sinn liegt weit über den Forderungen der Gemeinschaft und den Vorteilen, die man sich davon erhofft: es ist die Überzeugung, an der Wiederherstellung der Gerechtigkeit teilzuhaben, das heißt, am Gericht.

Deshalb wird man niemandem helfen können, aus dieser Opfermentalität auszusteigen, die so irrational und komplex ist, wenn man nicht die Frage nach dem Tag des Gerichts behandelt, den die Dschihadisten eben vorwegnehmen wollen. Durch diese Argumentationshilfe kann man das vermeiden.

Sich darüber verständigen, dass man das Böse ablehnt und das „Gemeinwohl“ will

Schließlich wird man die Gemeinsamkeiten zwischen den Menschen aufzeigen, die das Gute und die Zukunft wollen. Eine Gefahr, von der alle bedroht sind, bringt normalerweise unterschiedliche Menschen dazu, sich zu vereinigen. Man kann davon ausgehen, dass wir uns in einer solchen Situation befinden angesichts einer globalen Bedrohung, die sich mit der des Antichristen verbindet.

Heutzutage gibt es viele Gefahren, die auf der Zukunft unserer Kinder lasten. Alle haben mit Vormachtstellung zu tun, das heißt, mit Gedanken- und Machtsystemen, die sich Rechte über den Besitz anderer, über ihre Kinder, über ihren Geist usw. zuschreiben. Alle diese Lehren zur eigenen Vormachtstellung sind manipulativ und eventuell selbst durch Manipulation entstanden: Das ist der Fall beim Islamismus, der in der Form des Dschihad in der Welt weitgehend dazu verwendet wird, die Zivilgesellschaft in zwei Lager zu spalten, wie es die dialektische Doktrin will: Die mehr oder weniger islamisierten Bevölkerungsteile sollen unterwandert werden, um sie in Opposition zu den übrigen Bevölkerungsanteilen zu setzen – Krieg eingeschlossen – und so die Völker und Nationen in ein „kontrolliertes Chaos“ zu lenken, um sie abhängig zu machen und zu unterjochen. Das geschieht auch in den „muslimischen“ Ländern: wir sollten niemals die zweihunderttausend Toten des islamistischen Krieges in Algerien vergessen (zwischen 1990 und 1998).

Die Logik der Wiederentdeckung eines gewissen „Gemeinwohls“ (ein Begriff, der zunächst für Islamisten unverständlich ist) entsteht durch die Ablehnung jeglicher Vorstellungen von Vorherrschaft, und daher durch die Ablehnung der Verwendung des einen gegen den anderen. Denn dieses Spiel beabsichtigen diejenigen, die daran arbeiten, die Welt in ihre Dialektik einzusperren (seien Sie dieses oder jenes, aber wählen Sie Ihr Lager!). Derjenige, der aufspaltet, der „Dialektiker“, nennt sich auf Griechisch *diábolos* – das heißt Satan-Iblis. Wollen wir weiterhin im Dienst eines solchen Chaos arbeiten?

Schluss

Die hier vorgeschlagene „Entradikalisierung“ ist ihrer Natur entsprechend viel weitgehender als eine einfache „Methode.“ Wir wurden sogar dahin geführt, über den Sinn und die Möglichkeit einer besseren Welt nachzudenken! Man muss so weit gehen, um den gefährlichen Träumereien die Tür zu verschließen, die vorgeben, sie würden die Menschen in gute und böse aufteilen und entscheiden, wer es verdient, zu leben und wer verschwinden muss.

Auf dem Gebiet der Entradikalisierung gibt man heute zu, dass die Regierungsinitiativen nicht die erhofften Früchte getragen haben, und sogar, dass sie total gescheitert sind. Ohne jeden Zweifel besteht der fundamentale Fehler darin, dass man den radikalen islamistischen Glauben als psychologisches oder soziologisches Phänomen behandeln wollte. Wir dagegen haben gezeigt, dass man sich ganz in den zu behandelnden Gegenstand hineinbegeben muss und dass es möglich und nötig ist, die Sehnsucht und die Hoffnung der Islamisten vernünftig zu behandeln, sogar und vor allem bei denen, die am fanatischsten sind: einen Glauben zu verachten, der so tiefe Wurzeln hat, war unerhört und irrational.

Und wir haben gesehen, wenn ein Reich Gottes kommen soll, dann kann es sicher nicht aufgezwungen werden: es kann nur vorbereitet werden, von denjenigen, die einen geraden Weg gehen, den Weg derjenigen, die jeden Idee von Vormachtstellung bekämpfen und die offen sind für das Gemeinwohl.

Anmerkungen

[1]Anmerkung der Übersetzung: Der Name dieser französischen Gruppe „*Foi, Terrain, Médiation*“ würde übersetzt bedeuten: „Glaube, Geltungsgebiet, Mediation.“ Im Deutschen heißt die Gruppe „Netzwerk Hoffnung.“

[2]Daher der Titel des Monatsblattes „Des islamistischen Staates im Irak und der Levante“ (IS) in mehreren Sprachen: *Dābiq*.

[3]Nach der historischen Forschung soll Muḥammad den Tag des Gerichts angekündigt haben, und vor allem die unmittelbar bevorstehende Herabkunft von Jesus (*'Īsā ibn Maryam*) auf die Erde.

[4]Zum Beispiel Matthäus 7, 13-14: „Breit ist die Pforte, breit ist der Weg, die ins Verderben führen, und es gibt viele, die sie nehmen. Aber eng ist die Pforte, schmal der Weg, die zum Leben führen, und es gibt wenige, die sie finden.“ Christliche Schriften des 2. Jahrhunderts zeigen ebenfalls eine solche Thematik: die *Didachè*, die *Doctrina apostolorum*, die *syrische Zwölf-Apostellehre*, etc. Man kann einige buddhistische Texte finden, die diesen Texten ähnlich sind, aber man kann sie nur schwer datieren (sie scheinen viel später zu sein).

[5]So übersetzt man englische Ausdrücke wie „*global chaos*“ oder „*controlled/planned chaos*.“ Prof. John McMurtry, Mitglied der Königlichen Gesellschaft von Kanada, sieht eine Verbindung zwischen dem, was er *Das Krebsstadium des Kapitalismus* nennt, so der Titel seines Buches, in dem er schreibt: „The trick of the endless US-led wars in the Middle East is to control both sides so as to ensure against sovereign states able to defend the common interests of their peoples“ – cf. https.//www.globalresearch.ca/planning-chaos-in-the-middle-east-destruction-of-societies-for-foreign-money-control/5445509. Siehe auch: https://southfront.org/controlled-chaos-as-a-tool-of-geopolitical-struggle oder www.atimes.com/article/korea-afghanistan-never-ending-war-trap, und ouma.com/une-guerre-sans-fin-en-afghanistan. Usw.

[6]Die Sure 5 *al-Mā'ida* liefert zwei Verse, die zur Identifikation der Gemeinten nötig sind: im Vers 60 ist die Rede von den Juden, „die Gott verflucht hat, gegen die Er im Zorn ist" (K 5, 60); und danach die Verse 72 und 73, die deutlich die Christen meinen: es wird im Vers 77 gesagt, dass es „Leute sind, die sich schon verirrt haben, die viele in die Irre geführt haben und die sich verirren“ (mit dreimal dem Verb *ḍallala*, K 5, 77). Wenn diese hasserfüllten Behauptungen nicht von Gott kommen können, woher kommen sie dann?

Diese Frage ist wichtig. Vorläufer des Islam sind sektiererische Gruppen, die sowohl antijüdisch als auch antichristlich ausgerichtet waren und genau in den Gebieten lebten, von denen vielen neue islamologische Untersuchungen vermuten, dass der Islam in Wirklichkeit dort entstanden ist. Aber das ist eine andere Diskussion.

[7]Nach einem ersten Buch in Fabelform, *Animal farm*, das den Kommunismus kritisierte.

[8]Luther, *Gesammelte Werke* (W.A.), Bd. 6, S. 464, 12-157.

[9]In Matthäus 13, 13-30 + 36-43 findet man eine Parallelgeschichte.

[10]1 Korinther 15, 22-28. Nach 2 Thessalonicher 2, 3-12 wird der Antichrist vernichtet, während die Gerechten wieder lebendig werden (Hebräer 9, 28). Irenäus, ein Schüler eines Schülers des Apostels Johannes erwähnt diese Fragen in seiner Abhandlung „Gegen die Häresien“, vgl. Fr. Breynaert, *La Venue glorieuse du Christ*, Paris, Jubilé 2016.

[11]Vgl. Eurabia Nr. 2 herausgegeben vom europäischen Komité für die Koordination der Freundschaft mit der arabischen Welt, vgl. http://nageltjes.be/wp/wp-content/uploads/2014/04/Tekst-Resolutie-van-Straatsburg-8-juni-1975.pdf. Durch diese erstaunlichen Dokumente kann man verstehen ab 1976 Gesetze erlassen wurden zur „Familienzusammenführung“ und danach andere, die den Kommunitarismus begünstigen und verschärfen.

[12]William J. Clinton, Antrittsrede, 20. Januar 1997. Oder auch: „Die Vereinigten Staaten waren und werden die einzige Nation bleiben, die für die Belange der Welt unersetzlich sind" (Barack Obama, Rede vor dem Nationalkonvent der Veteranen, Reno, am 23. Juli 2012). Usw.

[13]Nabil Abu Rudeina, Offizieller Informationsdienst der Nationalregierung Palästinas, 21. März 2004.

Printed by Books on Demand GmbH, Norderstedt / Germany